就実大学 グローカルブック

英国のEU離脱と世界経済のゆくえ

就実大学 経営学部 編

GLOCAL BOOK

英国のEU離脱と世界経済のゆくえ

就実大学経営学部編

本書は、２０１６年10月10日（祝）、就実大学１１０周年記念ホール（S館１０２）で開催された就実グローカル・フォーラム２０１６ＶＯＬ．Ⅱ岡山ＥＵ協会特別講演会「英国のＥＵ離脱と世界経済のゆくえ」を収録しています。

出演者の肩書きは２０１６年10月のものです。

英国のＥＵ離脱と世界経済のゆくえ

目　次

開会の辞……………………5
杉山慎策（就実大学副学長兼経営学部長）
萩原邦章（萩原工業株式会社代表取締役会長）
片岡洋行（就実大学学長）

第一部　基調講演
英国のEU離脱の背景と今後の展開……………………9
デイビッド・ウォレン卿（前駐日英国大使）

第二部　鼎談
英国のEU離脱と世界経済のゆくえ……………………31
デイビッド・ウォレン卿（前駐日英国大使）
福地慶太（日本銀行岡山支店長）
杉山慎策（就実大学副学長兼経営学部長）

閉会のあいさつ……………………50
宮長雅人（岡山EU協会副会長・中国銀行頭取）

開会の辞

就実大学副学長兼経営学部長　杉山　慎策

これから、２０１６年第2回の就実グローカル・フォーラムを開会したいと思います。第1回は4月16日にビル・エモット本学客員教授をお招きして、「グローバル化」というテーマで実施いたしました。今日は、幸いに前駐日英国大使のデイビッド・ウォレン卿が来日していらっしゃるということで、岡山にお越しいただけるこの機会を捉えまして、「英国のＥＵ離脱の背景と今後の展開」ということで開催いたします。

I'd like to now officially open the second Shujitsu Glocal Forum with Sir David Warrer, our special guest speaker, today. He is going to talk on "Why did Britain vote to leave the European Union and what happens now?". I hope you will enjoy the lecture and the dialogue after the lecture. Thank you very much.

萩原工業株式会社代表取締役会長　萩原　邦章

皆さん、こんにちは。私のほうからも今日はご参加していただきありがとうございます。特に学生の皆様方、一緒に勉強に参加していただきましてありがとうございます。

就実大学さんと岡山ＥＵ協会が協賛ということで、グローカル・フォーラムを開催します。就実さんとは今年2回目の共催でございます。岡山EU協会協賛というよりは、後援というふうなことだろうと思います。そして、さらに岡山経済同友会がいろいろバックアップしていますので、経済同友会の関係の皆様方もご参集いただきまして誠にありがとうございます。皆様方にお礼申し上げます。それから、のちほどの鼎談では、日本銀行岡山支店の福地支店長様にはご多忙の中ご参加していただきまして本当にありがとうございます。さぞやいい内容になろうかと思います。

今月はじめにメイ首相が、単一市場よりも移民の制限のほうを、また、イギリス独自性を確保するということを選んだわけですけれども、これがどういうふうになるのでしょうか。一方で、37年ぶりにポンドは安くなっていて、輸入は大変だけれども、輸出は北海油田の輸出なんかもございますから、資源価格も安定しています。政治を取るのか経済を取るのか、そういったいろいろな問題があろうかと思います。イギリスのＥＵの問題は、決して人ごとではないと思います。回り回ってアメリカ、そして日本、アジア、いろいろな影響が考えられると思います。今日は一緒に勉強してみたいと思います。

本日は、聴講いただきまして、誠にありがとうございます。よろしくお願いいたします。

就実大学学長　片岡　洋行

皆さん、こんにちは。学長の片岡と申します。先ほど、杉山先生、それから萩原会長からお話がありましたように、本日はデイビッド・ウォレン前駐日英国大使をお迎えしまして、岡山ＥＵ協会と就実大学の共催ということで講演会が開催されますことを、大変うれしく思っております。それから、ウォレン前大使には過密なスケジュールをぬって本学にお越しいただきました。あらためて感謝申し上げます。

また、本日は、先ほどのＥＵ協会、それから岡山経済同友会の会員の皆様をはじめ、県内の経済界の皆様方には、大変お忙しい中をご出席いただきまして、誠にありがとうございます。本日のテーマは、先ほどありましたように、「英国のＥＵ離脱と世界経済のゆくえ」ということで、私は専門分野が理系なものですから、なかなか内容については理解するのが難しいという感じがしています。今年の６月でしたか、英国で国民投票がありまして、英国がＥＵを離脱を決定したということです。これは非常に大きな問題で、海の向こうの話だけでなくて、日本の金融とか経済、企業にとりましても非常に大きな影響があると思っております。

そういった意味で、本日のフォーラムでは、こういったＥＵ離脱の背景、それからそれがもたらす影響、今後どういうふうに変わっていくのか、そういったことのお話があるのではないかと思っております。そういった意味で、私も勉強させていただきたいと思っております。

簡単ではありますけれども、本日のこのフォーラムが皆さんにとって有意義な会となりますように、それから、そのお話の中から、皆さんにとりましても、これからの活動にもつながることを期待しまして、簡単ではありますけれどもごあいさつに代えさせていただきます。
ありがとうございました。

第一部　基調講演

英国のEU離脱の背景と今後の展開

デイビッド・ウォレン卿（前駐日英国大使）

デイビッド・ウォレン卿（前駐日英国大使）

前駐日英国大使。ジャパン・ソサエティ（ロンドン）会長。

1952年イギリス生まれ。オックスフォード大学エクセター・カレッジで英文学を専攻。1975年に英国外務省に入省。以来、東京とロンドンで、日本と東アジア情勢を主に担当。2年間にわたる日本語研修の後、駐日英国大使館で1978年から1981年まで大使秘書官と経済部二等書記官（後に一等書記官）、1993年から1998年まで商務参事官を務める。2000年から本国外務省において貿易部長等の要職を歴任、2008年より第29代駐日英国大使に就任。2013年退官。

皆さん、こんにちは。私は、前の英国大使のデイビッド・ウォレンと申します。岡山ＥＵ協会萩原会長により、私がここに招かれたことをうれしく思います。大使として時々演説を日本語で話しましたけれども、残念ながら私は日本語を少し忘れてきています。ですから、今日は英語で講演させていただくつもりです。

特に、今日のような重要な内容に関しまして、外国語である日本語でお話ができないということを大変残念に思っておりますけれども、優れた通訳者がおりますので、皆様のお許しをいただきまして、英語でお話をさせていただきたいと思います。

２０１６年6月23日に、イギリス国民は国民投票で51・9％対48・1％で欧州連合を去ることを決めました。イギリスは、１９７３年からＥＵの加盟国でした。１７５０万人弱の人が離脱を、１６００万人強が残留を選びました。投票率は72％を上回り、１９９２年以来のイギリスのどの総選挙よりも高い投票率でした。この投票結果に、世界中、そしてイギリス自身も衝撃を受けました。

本日の講演の中で私は、イギリス人はどうしてこのような投票結果を出したのか、それは何を意味するのかを分析し、説明していきたいと思います。国民投票の結果を実行していくための手順についても、ご説明をしようと思っています。また、将来のイギリスの外交関係にどういう影響があるのかについてもお話をしていきたいと思います。

まず、最初に私自身の政治的見解を、はっきりさせておいたほうがよいでしょう。

私は、ＥＵ残留に投票しました。それは、イギリスがＥＵの一員であることが、イギリスの利害に一番合致していると、その時も今も信じているからです。こう考えた理由に、経済的な側面もあります。イギリスがＥＵの単一市場に参画したことで、過去25年間、イギリスの経済は強くなってきました。

他方、政治的な側面もあります。今世界が直面している問題は、国際協力とパートナーシップに基づいて取り組み、解決されるのが一番よいと思っています。各国が影響力とリソースを巡って、常に競争し合うより望ましいと考えているからです。しかし、イギリス人の大多数はこういう見方に反対でした。なぜそうだったのでしょう。そして、それが今日のイギリスについて、何を意味しているのでしょうか。これから何が起こるのでしょうか。

それでは、最初に少し歴史をひも解いてみましょう。イギリスは、１９７３年に当時の欧州経済共同体ＥＥＣに3回目の加盟申請で加盟が実現しました。エドワード・ヒース首相率いる保守政権による交渉が功を奏し、議会での決議を得て加盟が実現しました。１９７４年に、ハロルド・ウィルソン首相率いる労働党が政権をとってからは、ＥＥＣ加盟を巡る国民投票を約束し、１９７５年6月に実施されました。大多数（67％対33％）３分の２の投票率を得まして、ＥＥＣの残留が決まりました。これで政治的問題は、当面落ち着きを見ました。

しかしながら、イギリスの国内政治は、ヨーロッパ事業に全力を傾ける勢力と、イギリス議会の主権に課される制約を嫌悪する勢力に分かれ、緊張が続きました。その緊張感は、特にマーガレット・サッチャー首相（１９７９～１９９０）とジョン・メージャー首相（１９９０～１９９７）の時代に顕著でした。

マーガレット・サッチャー首相は、ときに反ヨーロッパ的と見られておりますけれども、ヨーロッパに関しては両面性を持ち曖昧でした。サッチャー首相は、１９７５年には残留を訴えました。しかし、首相としては１９８０年代初頭、イギリスのＥＣ予算への拠出金問題には強い態度で臨みました。サッチャー首相は欧州単一市場の創設には協力したものの、ＥＣがこれからさらに政治的・経済的統合をするという動きには抵抗しました。これらの問題へのサッチャー首相の頑固さにより、保守党内での反乱が起き、１９９０年に政権交代になってしまいました。

党内でヨーロッパに批判的でサッチャーに忠実な人たちと、ヨーロッパとの対立をあまり望まない人たちの間の傷や緊張は、癒えることはありませんでした。ジョン・メージャー氏の首相としての仕事の障害となり、１９９２年のマーストリヒト条約に反対する党内の勢力との闘争に常にさらされました。マーストリヒト条約によりまして、欧州連合が生まれ、欧州統合とユーロの導入が行われました。１９９７年に保守党は政権を失い、13年間野党に留まりました。

２０１０年にやっとディビッド・キャメロン氏が、自由民主党との連立政権で党を政権へと復帰させました。しかし、キャメロン首相もまた、党内の反ヨーロッパ勢力との同じ闘いに直面しました。このころになると、20年、30年前よりも、はるかに議会において強い勢力になっていました。彼らをなだめるために、2015年の保守党の選挙のときにまとめたマニフェストに、キャメロン首相はイギリスのEU残留を問う国民投票をすることを盛り込んだのです。

イギリスの政治における反ヨーロッパ的な感情は、保守党だけに限ったことではありません。政治家の中で、政治的傾向として左翼で、EUを資本主義的で企業に寛大な組織とみなして、反感を感じている人たちはいます。また、保守派の政治家と同じ憲法、主権に関する主張をしていた労働党の政治家もいました。しかし全体としては、ヨーロッパに関する議会での議論は、主に保守党内で行われています。

最初にお話ししたとおり、国民投票の結果は衝撃でした。1975年の結果と比べると、今回はもっと僅差になるであろうという大方の予想があり、世論調査でも、運動の期間中両陣営が接戦であることを示していました。が、それでも大方の評論家の見方は、国民の総意は現状維持に傾くであろうというものでした。

2014年9月のスコットランドの独立を巡る国民投票のときも、両陣営は今回と同様に接戦でしたが、反独立派が最終的に勝ち、これが前例になると考えられていました。私自身もその見方をしておりましたし、多くの人も同じでした。決して残留派が負けることはないと楽観視していたわけではありませんが、それでも残留が勝つと思っていました。しかし、我々は完全に間違っていました。

結果は、離脱派が１２５万票多く獲得して、明確な勝利でした。皆さんに詳しく内容を見ていただき、ご説明をしていきたいと思います。イングランド、ウェールズ、スコットランドの有権者が、どのようなかたちで投票したのかということを詳しくご理解していただくことが重要ではないかと思っています。内容を見てみますと、かなりの地域格差をはらんでいました。イングランドは、全有権者の80％以上を占める地域で、離脱が53・４％対46・６％で離脱を後押ししました。ウェールズも同様に、しかし、もう少し僅差で離脱を支持しました。しかし北アイルランドは比率が逆転して、残留派がはっきりと過半数を占めました。そしてその傾向は、スコットランドにおいてはもっと顕著でした。ＥＵ残留派が62％で、離脱派の38％を大きく上回りました。イングランドのすべての地域は、多くの場合、かなりの大差をつけてＥＵからの離脱を選びました。ただロンドンは例外で、残留派が60％で、離脱の40％を押さえて多数派でした。

英国全土で、投票のパターンにはっきりとした違いがあり、特徴的がありました。ロンドン、裕福な南東地域、スコットランド、北アイルランド、及び主要大学のある1、2の地域が残留を選び、そのほかのほとんどの地域が離脱を選びました。

実際に投票のパターンを見ると、英国がはっきりと分裂しているのがよく分かります。私の長年の友人が、「英国とは、調和と整合性がとれ、強いナショナル・アイデンティティと目的意識を持った社会ですね」と言うとき、私はしばしば訂正してしまいます。私は自分の国と、その強固な民主主義の歴史に誇りを持っていますが、この分析は単純すぎると思います。国民投票では、発展し多様で繁栄しているロンドンと、それ以外のイングランドという分裂の図式を示していました。イングランドとスコットランドのはっきりとした格差も示していました。

投票をよく分析してみると、年齢の高い人、つまり45歳以上の人は離脱、若い人たちは残留という傾向がありました。高等教育の中心機関が多くある主要都市は残留、あるいは離脱であっても僅差という傾向がありました。一般に、大学を出た人たちは残留を、そうでない人たちは離脱を選んでいる可能性が高いです。国民投票の結果を見て、英国が分裂しているという印象を強く持ちました。

主要な独立系公共政策シンクタンクが最近調査を行い、その結果を様々な経済指標に照らし合わせて詳細分析をしました。貧困層、低教育層の人たちは、離脱の傾向が高いことが分かりました。失業者の大多数が離脱に投票、また貧困層のための地方行政が提供する住宅に住む人、もしくはソーシャルコストが払えない人たちのための低家賃住宅で、「福祉の家」に住む人たちも離脱に投票していました。そのほかに国からの年金で暮らしている高齢者も、離脱を選ぶ傾向が高かったのです。

この調査レポートはすべての収入レベルにおいて、世帯所得とEU離脱の投票との間に、直接的な相関があることを示唆していました。ここで、もう少し統計の数字を皆さんにご披露させていただきます。2万ポンド（260万円）に満たない収入の人の62％が、離脱を選んでいます。収入が上がるにつれて、離脱を選ぶ傾向は下がります。６万ポンド（７８０万円）の収入の人たちの中では、わずか35％だけが離脱を選んでいます。もっと裕福な人たち、中の上と、中産階級の57％が残留を選んでいます。もっとも貧しい人たちの中で残留を選んだ人は、36％しかいません。ＥＵ残留に投票する唯一の収入グループは、いわゆる人口動態学者がＡＢと呼んでいる上位中流、中位中流の有権者で、上層経営者、行政、医師など専門職の人たちです。

この観点から見ると、国民投票の結果は、現行の政治・経済制度、実にグローバライゼーション全般に失望している人たちの、単にＥＵ、英国政府に対してだけではなく、もっと幅広く、英国、それ以外の政治のエリートたちに対する抗議のようにも見えます。国民投票の運動期間、残留派がＥＵを離脱する際の危険について、主に経済的な観点から説明がなされましたが、説得力はなさそうでした。

また、オバマ大統領のような外国の政治指導者がＥＵ残留を促しましたが効果がなく、かえって逆効果でした。また一部の人たちは、今やＥＵは破たんしかけていると感じています。また、もちろん英国はユーロに加盟していませんが、ユーロの加盟国が、地中海の経済力の弱い国に対して、ひどい緊縮財政を課していますし、またＥＵ自体が、中近東、北アフリカから南ヨーロッパに押し寄せる、大量の移民の管理が効果的にできていないと感じています。

投票までの攻防は、あらゆる面で厳しく否定的なものでした。欧州単一市場を去るリスクについての訴えは、本当にリスクとしてはあるものの、残留派は誇張し、短期・中期的に経済的災難になるという予測の方向にねじ曲げてしまい、誰も信じませんでした。また、離脱派が展開したEU離脱のための議論は、正直欺瞞的でした。例えば、英国はEUに毎週3億5000万ポンドの資金提供をしていたと言っていましたが、EUから英国へ返ってくるものがあるので、実際の金額は半分以下でした。しかし、離脱派が言うそのお金を、国民医療サービスに振り分けることができるという議論は、非常に説得力がありました。多くの有権者は、医療費に対する資金が現在あるかどうかを心配していましたから、説得力がありました。

多くの有権者に大きなインパクトがあったと考えられていたのは、もちろん移民問題でした。英国の国民の中で、13%という比較的大きな比率で外国生まれの人たちがいます。英国への純移動の人数は、EU域内からとそれ以外の地域で、ほとんど半々くらいになっています。EU域外からの人数は管理されていますが、EU域内からの移動については、EUの四つの自由のひとつである、欧州のすべての国の間を移動する自由が認められているので、EUからの移動については効果的管理はされていません。従って、EUに残留することは、移民に反対する人たちの怒りの原因になっていました。本来英国民がすべき仕事を移民に取られ、賃金が下落し、社会福祉も取られていると感じていたのでした。私は、個人的にはこのような議論は間違っていると思っています。移民のイギリス経済への、また英国社会の活性化への貢献は非常に大きく、さらに移民の中での社会福祉を請求する人たちの割合は非常に少ないのです。賃金に関する証拠は、もっと複雑なものになります。もちろん雇用主は賃金の安い仕事のほうに傾きがちになるので、こちらのほうが様相が複雑になります。

そして面白いことに、ほとんどの悪意に満ちた反移民感情は、比較的移民がほとんどいない地域に多い傾向があります。一方でロンドンはというと、人口の40％くらいが英国以外の外国出身の多いところですが、残留を選んだ人が多かったのです。しかしながら、離脱派の言葉をそのまま使うと、英国は自国の議会の主権奪回のみならず、国境管理もできるようになるという掛け声が、ＥＵ離脱を望む人たちの間で力強く響きました。これら離脱の影響が、離脱を支援する多くの有権者に及ぶことになります。

したがって、結果として、離脱派が国民投票に勝ちました。多くの有権者が、現在の世界経済の制度に自分たちは何の関心もなく、また自分たちの問題に関する理解と対応について、政治のエリートは信用できないと感じていたので、英国がＥＵから離脱したほうがよいと投票したのです。そして多くの有権者にとって、歴代の英国政府が移民問題を効果的に管理できなかったということが、この状態を最も明確に示す事例だったわけです。国民投票の結果が示したことは、国が割れていると

いうことです。離脱派の勝利は、わずか4％弱の差によるものであり大差ではありません。しかし、明らかに過半数ではありました。偶然にも2012年に、オバマ大統領が前ロムニー知事を破ったときの獲得票の差とほぼ同じでした。そして英国の国民投票のほうが、アメリカの大統領選よりも投票率が大幅に高かったのです。

これからの「パート2」ですけれども、これからどうなるかということをお話してまいります。

皆様ご存じのとおり、国民投票直後の影響として、ディビッド・キャメロン首相が辞任し、内務大臣テレサ・メイ氏が首相に就任しました。メイ氏は残留を支持した人ですが、国民投票前の間はあまり積極的ではなく、多くの熱心な残留派には、この問題に関して曖昧な人と映っていました。組閣では残留派を多く起用したものの、英国のEU離脱交渉に最も関わる三つの省庁である「外務省」「国際貿易省」、そして新設でかなり魅力に欠けるネーミングになっている「欧州連合離脱省」の閣僚に、三人の主要な離脱サポーターを起用しました。

EU離脱の交渉プロセスはどんなものであれ、必ず2009年に発効したリスボン条約50条を発動して、まずは当事国から始めていかなければなりません。これにより、加盟国はEUを離脱できるのです。離脱の意志を欧州理事会に通告し、それから理事会がその国と離脱協定を交渉し、合意に達していきます。また離脱のための取り決めをしていき、その国と欧州連合との未来の関係のための枠組みも考えます。理事会では、多数表が必要です。全員一致ではありませんが、欧州議会の同意が最初に必要です。これからの交渉は、理事会が全員一致で延期を採択しない限り、2年のうちに完了しなければなりません。

先週メイ首相は、英国は50条の発動をし、２０１７年の第一四半期に、ＥＵ離脱の交渉のプロセスを開始すると発表しました。同時に首相は、英国政府が１９７２年のＥＣ加盟法の無効化を進めるつもりであることも発表しました。ＥＵ法は英国法の中にあり、国内法に優先します。この実効により、ＥＵ法や規制をすべて英国法に移管します。そしてイギリスがＥＵから離脱したら、英国議会は主権を回復し、どの法律を維持し、どの法律を修正あるいは削除するかを決めることができます。メイ首相のやり方のロジック及び事務的プロセスを、こういうやり方ですると決めたことを、保守党の多くの人が称賛しています。しかし、首相の発表したことの背後にある、政治的駆け引きは非常に複雑です。

基本的に、英国離脱の問題に関わる議論は、二つの問題に集約することができます。それを政治家は評価、優先順位付けをしていかなければなりません。まず最初の問題が、イギリス国内に流入する移民の人数を管理することができる国境管理が、どれぐらい重要なのかということ。そして二つ目の問題として、欧州単一市場の一員として残ること、あるいは少なくとも単一市場の恩恵をできるだけ多く維持できることは、イギリスにとってどれほど重要なのか。この2点に関する優先順位付けです。また、単一市場に残っていれば、国際貿易の関税、その他のコストが必要ないので、イギリスの企業は単一市場に残ることは重要であると感じています。また、単一市場の条件で、ヨーロッパに販売する機会があるということで、世界中から多くの投資を誘致してきました。特に、日本からイギリスへの投資は大きかったです。しかし移動の自由は、EU及び単一市場の加盟国の基本的原則です。ですから、それを手にし、国境管理もできる、という「いいところ取り」はできません。英国政府は離脱の条件の交渉を始める前に、どちらがより重要なのか判断しなければいけません。

イギリス離脱を「Brexit」と呼びますけれども、これをイギリスの評論家は、「ハードBrexit」か「ソフトBrexit」かの戦いだと表現しています。EUの制度に関わることに100%反対している人たち、欧州レベルで超国家的な主権を持つという、いかなる概念をも拒否している人たち、また英国は完全に独立した国家であるべきだと考える人たちは、「ハードBrexit」を主張しています。そして、彼らはそれを「クリーンBrexit」と呼ぶのを好みます。それは、我々がすっきりとEUから離脱し、2019年かそれ以前に2年の交渉を経て、それ以降は、世界のほかの国と、世界貿易機関の加盟国と同じ条件で貿易することを意味します。彼らのこの考え方は、彼らがよく引用するシンガポールの例のように、英国を独立した通商立国、あるいは金融立国であってほしいという願望に影響されていますが、それだけではなく、ＥＵは現在のかたちでは弱体化し、いずれは完全に破たんする運命であろうという確信によっても影響を受けています。欧州の企業や消費者は、保護主義になることや追加的な費用を払うことを嫌がるだろうと思っているので、彼らは、ＥＵのほかの国は英国の考えに合意するだろうと考えています。

先ほどご説明したのが、ハードの離脱を願う人たちの意見です。他方で、「ソフトBrexit」を支持している人たちは、欧州単一市場を去ることによる経済的インパクトを心配しています。彼らはシンガポールの例えを真剣には考えていません。少なからず英国の主要な問題は、生産性の低いこと、また深刻な能力不足です。だから英国の若年労働者が就けない、あるいは就くのを嫌がる仕事を、企業は多くの移民を雇用して、補助してもらっているのです。「ソフトBrexit」を希望する人たちは、単一市場を去ることは、外資系企業の英国における投資の障害になると考えています。また、ほかのＥＵ加盟国が英国の後に続くことを望む危険があるので、英国に有利な条件での楽な離脱に、ほかのＥＵ諸国が合意してくれることに懐疑的でもあります。「ソフトBrexit」の支持者は、「ハードBrexit」支持者たちが、ＥＵ域外の国と貿易協定を結ぶことは楽だと考えていることに対し、特にヨーロッパ、アメリカ、その他の地域でグローバルな自由貿易に一般的に否定的なムードが広がっている今、考え方が甘いと考えています。だから、彼らは英国が確保できる単一市場の一員としての恩恵は、できるだけたくさん維持したほうがよいと考えているのです。

しかし、これは困難なことです。これから我々が見習っていける手本は、いくつかあります。ノルウェーのようなかたちで、欧州経済地域に加盟することはできます。しかし、ノルウェーは欧州予算に対して拠出金を払い、ＥＵ法を遵守し、移動の自由の原理に縛られています。ですから、これは「ハード Brexit」支持者には魅力がありません。スイスのようにすることもできます。スイスは、多くのＥＵ諸国と2カ国間協定を結んでいます。しかし、ＥＵ自体がスイスに対して、現在の煩雑な手続きからノルウェータイプの関係に移行するよう圧力をかけています。ですから、このスイスモデルは、ＥＵ理事会に受け入れてもらえるものではなさそうです。

ＥＵとの貿易は、カナダと同じ方法で対応することができます。カナダ―ＥＵというかたちと同じように、ＥＵ―ＵＫ（イギリス）というかたちでやるということです。しかし、カナダの自由貿易協定には、サービスが入っていません。しかし、サービスはイギリス経済で大きな割合を占めています。ほかの国の貿易と比べると、イギリスの貿易に占めるサービスの割合はかなり大きいのです。ということで、どの選択肢も本当に魅力あるものではありません。最終的には、英国独自の条件を見つけていかなければいけないのかもしれません。しかし、今の段階でその条件がどういうものになるかは、はっきりと分かっていません。

ＥＵ離脱にあたって、貿易協定というのは、英国がやっていかなければいけない交渉の中の一つにすぎません。英国がやっていかなければいけない領域は、六つの別々のしかし関連している分野であり、貿易協定はこの中の一つにしかすぎません。その6つとは、まず、⑴ＥＵからの離脱、⑵英国の最大の市場ＥＵとの新たな貿易協定、⑶ＥＵ離脱と新規貿易協定を結ぶ間の移行期をカバーする暫定的協定、⑷世界貿易機関に再加入、⑸ＥＵとすでに貿易協定を結んでいる50カ国それぞれとの新規貿易協定。日本が51カ国目になることを願っています。⑹外交、防衛政策、警察、司法協力、対テロ対策等のそのほかの分野での英国―ＥＵの正式な連携。この6分野になります。

これらは非常に膨大で、複雑な政策関連書類があり、交渉には何年も要することでしょう。不確実要素を最小化するため、また英国の欧州市場への特恵的アクセスを失わないようにするため、移行期の取り決めは重要です。こういう事情で、評論家の中には、ＥＵが移行期の話をすることに同意するまで、英国は50条の発動を待ったほうがよいという人たちもいます。しかし、メイ首相は保守党内の「ハード Brexit」支持者からの強力なプレッシャーに直面して、50条の発動のスケジュールを発表してしまい、その点で一歩譲ってしまっています。来年の２０１７年の第一四半期には、50条を発動すると発表しています。ですから２０１６年10月時点で、確率は「ソフト Brexit」よりは「ハード Brexit」のほうに傾いています。

そして、ビジネスのほうを見てみますと、メイ首相の発表に対して非常に否定的な見方をしています。先ほど萩原会長もおっしゃったように、ポンドがこの30年の間で非常に低いレベルに下落しています。ですので、批評家の人たちが考えるというよりは、この状況によって経済の劣化が、２０１７年春の50条の発令までに起きてしまうのではないか、そして、イギリスのＥＵ離脱によって、離脱のメリットというものの状況が変わってしまうのではないかと心配しています。変わるかどうかは分かりませんけれども、彼らは変わるということを懸念しています。

Brexit の影響は、そのほかのところにもあります。今回の講演では詳しく説明をする時間がありませんが、後ほどこれらについてご質問があるようでしたら、喜んで回答させていただこうと思います。

例えば、スコットランドはＥＵ残留を希望しており、英国の国民投票の結果により、スコットランドが今後２、３年の間に、スコットランドの独立を問う国民投票をもう一度行うかどうか。北アイルランドはＥＵの加盟国であるアイルランド共和国と英国領土の唯一の国境を接するようになる地域で、今後北アイルランドはどうなるのか。過去20年の平和、和解プロセスが成功しているのは、効果的な2国間の協力に負うところが多いのです。

私は今まで、主に貿易・投資についてお話ししてきました。しかし、ほかの分野でも、Brexit の展望について深く懸念している人たちが英国にいます。例えば、高等教育です。高等教育はヨーロッパからの学生や教授陣だけでなく、一部の欧州研究プログラムへの依存度が非常に高いのです。欧州研究プログラムからの撤退により、科学研究パートナーシップも脅威にさらされる可能性があります。

講演の初めに、イギリス離脱がほかの国、例えば日本との関係にどのような影響があるかについてお話しすると申し上げました。ある意味、離脱支援者が言っているとおり、根本的に変える必要はないのです。実はイギリス離脱の根拠に関して、先週首相が保守党党大会のスピーチで明らかにしました。グローバルなイギリスに自信をもち、ヨーロッパ大陸以外のところも視野に入れ、広く世界中で経済と外交の機会を求める自由を有している国ということを首相は講演で話されました。私も首相のスピーチを聞きました。イギリス政府は、すでに日本政府と協力できる分野の検討に入っています。例えば、防衛と安全保障の問題、また運輸、科学、革新、そして２０２０年の東京オリンピックの準備等について、頻繁に建設的な対話を行っています。我々は日本との関係の一面として、日本・ＥＵ経済連携協定、自由貿易協定の方向性に圧力をかけるなど、日英の利害を応援する方向に向けてＥＵに影響力を行使することができていました。イギリスがＥＵを離脱しましたら、当然今後はそれが止まります。

日本をはじめ、その他の友好国、パートナーとの２カ国間の連携がどんなに強固であっても、最終的にイギリスが世界の中で果たす役割は、その経済力と政治力を行使することです。ＥＵ離脱を支持している人たちは、これによりイギリスがさらに強く、独立性を高めていくと信じていますが、反対の人たちはそれに懐疑的で疑っています。経済的予測も、今はまだ不明瞭です。投票前に、イギリスの成長に対してマイナス影響が出るという予測がありましたが、まだ現実的なものになっていません。イングランド銀行が、市場の鎮静化のため大量介入したことも一部理由です。しかし、ポンドが急激に下落しました。これは輸出、インバウンド、つまりイギリスに来る観光客にはよいのですが、海外に行くイギリス人、輸入に依存する企業には痛手です。しかし、我々はまだEUを離脱していません。

どちらにしても、EU離脱は全体像の中の一部でしかありません。新任の財務大臣フィリップ・ハモンド氏は、前任者の緊縮財政方針の見直しをすることをほのめかしています。首相は、実質所得の伸び悩みにあえぎ、さらにイギリスの住宅価格が過去15年間で大幅に上昇していることにより、さらに大きな打撃を受けている有権者の現状改善をめざす政府の政策に、焦点をあてていくことになりそうです。講演の最初にお話をしましたように、このような賃金の上昇の伸び悩みに苦しんでいる人たちが、離脱に投票をしているのです。アメリカで同じような状況に苦しんでいる人たちが、1カ月先の大統領選挙で、ドナルド・トランプに投票する可能性はかなりあります。経済成長を鈍化させ、政治的緊張を増大させ、現在の危機全体を大きく悪化させる保護主義的障壁を導入することなく、世界中の政治家は、現状に苦しみ、怒りの叫びをあげている市民を、救済する方法を探していかなければいけません。

このような状況ですので、展望ははっきりしません。ＥＵ離脱の条件が明確になるまで、基本的な疑問、これで英国の強化になるのか、弱体化になるのかの判断が非常に難しい状況です。これからのＥＵの離脱が、「ハード Brexit」になるのか「ソフト Brexit」になるのかによって、状況が変わってきます。特に、政治的に保守党の中で状況を見てみますと、「ハード Brexit」になる可能性が非常に強いと思います。この点に関して、私は楽観視していません。しかし、国民投票の前の私の意見が違っていたように、今回も私が間違っていることが証明されましたら、大変に喜ばしいことと思います。

ご清聴ありがとうございました。

第二部　鼎談

英国のEU離脱と世界経済のゆくえ

デイビッド・ウォレン卿（前駐日英国大使）
福地　慶太氏（日本銀行岡山支店長）
杉山　慎策氏（就実大学副学長兼経営学部長）

デイビッド・ウォレン卿

前駐日英国大使。ジャパン・ソサエティ（ロンドン）会長。

1952年イギリス生まれ。オックスフォード大学エクセター・カレッジで英文学を専攻。1975年に英国外務省に入省。以来、東京とロンドンで、日本と東アジア情勢を主に担当。2年間にわたる日本語研修の後、駐日英国大使館で1978年から1981年まで大使秘書官と経済部二等書記官（後に一等書記官）、1993年から1998年まで商務参事官を務める。2000年から本国外務省において貿易部長等の要職を歴任、2008年より第29代駐日英国大使に就任。2013年退官。

福地慶太

日本銀行岡山支店長
1966年東京生まれ。1990年慶應義塾大学法学部卒業後、日本銀行に入行。システム情報局企画役、発券局企画役等を経て、システム情報局システム管理課長、業務局統括課長などを歴任。2015年6月に前職の発券局総務課長から第42代の岡山支店長に就任。（2017年6月から日本銀行大阪支店副支店長）

杉山慎策

就実大学副学長兼経営学部学部長
岡山大学法文学部副手を経て資生堂入社、資生堂UK社長、国際広報課長を歴任。マテルジャパン社長を経て2004年まで日本ロレアル株式会社取締役副社長。その後、立命館大学教授（2006年～）、岡山大学キャリア開発センター教授（2011年～）を経て、2013年4月就実大学に移り新設の就実大学経営学部学部長（現在に至る）。

杉山　実は今日は岡山の財界のトップの方々が全員いらっしゃっておられまして、大変緊張をしております。このグローカル・フォーラムは就実大学だけではなくて岡山ＥＵ協会の共催でございまして、ご支援いただきましてジョイントで開催できたということをまず御礼申し上げます。

ウォレン卿には大変すばらしい基調講演をいただきました。イギリスというのは非常に複雑でウォレン卿は「〝divided〟」（分断）という言葉を使っていらっしゃいましたけれども、いろいろな社会階層が複雑に分かれて、その結果が今回の投票結果ということになったのだろうと思うのですけれども、実はニューヨーク・タイムズのトーマス・フリードマンという人がニューヨーク・タイムズに寄稿しています。彼がどのようなことを言っているかというと、「非常に複雑な問題に簡単な答えを見つけるというのは間違っている。それはペテンだ」ということを言っています。今回の「Brexit」を簡単に国民投票にかけてしまったのですけれども、おそらくそれでは何も解決しないということが先ほどの基調講演でもお話があったのではないかというふうに思います。トーマス・フリードマンは同じように、トランプが言っている「メキシコのボーダー」、――だいたいこれは２千マイルですから、３１００キロぐらいになるのですけれども、――そこに15メートルぐらいの壁を作るとすると７年間ぐらいかかり、かつ費用が５兆円ぐらいかかるということで、トランプはそれを「メキシコに払わせる」と言っていますが、そうであればメキシコのＧＤＰの５％ぐらいを投資しないといけないことになります。さらに、７年後にはすぐに維持のために維持費がかかってきて維持するのが大変だということも言っております。

それで、まず、最初に福地支店長さんのほうに問いたいと思います。基調講演を聞かれて、経済的にも社会的にも分断している状態で、それはたぶんイギリスだけではなくてＥＵがそうなのだろうと思いますけれども、まず支店長のほうから一言コメントをいただければと思います。

福地　ウォレン卿、ご講演をどうもありがとうございました。それから岡山ＥＵ協会におかれましては、お招きいただきましてありがとうございます。今日のお話を伺いまして、問題意識を新たにしました。改めて思ったことを申し上げますと、三つほどございます。

一つは、今まさに議論中の問題だと思いますけれども、プライオリティ（priority）の問題です。お話の中にありました移民のコントロールと、それから単一市場へのアクセス、このプライオリティをどう考えていくのかということであります。もう一つは、やはり「Brexit」自体の問題、背景にある格差の問題が大きいと、いろいろな格差を生み、社会層が分断されているというのが理解できました。それは、今日的な問題としては反グローバリズムということの原因になるだろうと思いますので、そういった反グローバリズムというものに対して、我々はどういうふうに向き合っていく必要があるのかということ、これが二つ目でございます。そして三つ目は、杉山先生からもお話がありましたけれども、やはり「referendum」です。直接民主主義的な政治の運営の仕方というものをどう考えていくのかということです。それはイギリス

だけではなくてアメリカでもそうですし、あるいはヨーロッパの他の国々でもそうだと思うのですけれども、今日的にはそういった動きというのがむしろ主流になりつつあるのだと。これが社会の不安の原因になっているのではないかということを思っておりまして、この三つを最初に問題意識としてお話しできればと思いました。

ウォレン卿　本当におっしゃる通りです。キャメロン前首相が国民投票を決めた時にも批判が出ていました。最初に決めた２０１２年に新聞に発表されまして、まさにそのとき、私は日本で英国大使をしておりまして、その新聞に掲載されたその日にいろいろな銀行の人たちから「これはどういう意味ですか」「どうしてこういうふうに国民投票をするんでしょうか」というふうな質問が来ました。首相がどういうふうに実施するかということで、その後の経済界とかも関心を持って見守ってきたわけですけれども、キャメロン首相が国民投票を国民に問うと言ったときに出てきた批判としましては、問題自体が経済的、社会的、政治的にも判断が非常に難しい問題に対して、二者択一の質問を出したということになります。そして、またこの難しい問題に対して結論を出すしきい値（閾値）の設定の仕方が甘いのではないかというふうな指摘もありました。

例えば、投票率は50％以上にしていなければいけないとか、それからこの問題というのは憲法的な問題でもありますので、例えばそれぞれの地域におきましてスコットランド、ウェールズ、北アイルランド、イングランドにおいて60％以上の過半数が必要であるとか、それぞれの問題に対しての60％の過半数が必要であるとか、そういうふうなやり方をしたほうがよかったのに、キャメロン首相はそういうふうにしなかったということで、結果的には離脱というふうな結果になってしまったということです。
そして、投票をしなかった人たちは28％もいました。こういうふうに何年もかけて我々が解決をしていかなければいけない政治的に非常に複雑な問題を、ＥＵの50条の発動によりましてこれから2年で交渉を行っていくわけです。これは一つの問題ではなく、それ以外の分野でもいろいろな交渉が必要となり、それはもっと時間がかかる問題だと思っております。たぶん貿易関係、通商関係に関しましても、非常に長い交渉が必要になってくると思います。今まで我々はＥＵの一員でありましたので、イギリスにおいてはそういうふうな話し合いや交渉をしたことがないので、これからの過程は非常に長くかかると思います。

杉山　もう一つ、非常に重要なポイントを指摘しておきたいと思います。それは、「なぜＥＵができたのか」という原点に帰るべきではないかと思っております。これはウォレン卿のスピーチの中では触れられていなかったのですけれども、もともとヨーロッパというのは長い間戦いの場であった。特にドイツとフランスというのは犬猿の仲で、しょっちゅう戦っていて、勝ったほうがアルザスロレーヌ地方、――ここは実は大変おいしいワインが採れるところですし、また石炭や鉄鋼が採れるという――そういう地域が、戦争に勝った途端に今まで学校ではフランス語でやっていたことが、ドイツが勝てばドイツ語になり、フランスが勝てば突然次の日からフランス語に学校中が替わる。そういう経験を踏まえて「欧州石炭鉄鋼共同体」というのがパリ条約でロベール・シューマンによって作られて、それが１９５７年のローマ条約で「共同体」という形になって発展してきたのです。

実際に１００％正しいかどうかは分かりませんが、私が調べた範囲で見ると、17世紀にはヨーロッパにおける戦争が23あります。18世紀には10戦争が起きています。19世紀は13、20世紀の前半つまり第二次世界大戦が終わった１９４５年までに10の戦争がありました。しかし、１９４５年以降、このＥＵ共同体とかＥＵ石炭鉄鋼共同体ができて以降、実は戦争は一つも起きていません。同じようにこの恩恵を受けて日本も戦争に巻き込まれていないのです。本当にＥＵを離脱するということであれば、確かに「ＮＡＴＯがあるからもう大丈夫だ」という議論があると思いますけれども、本当にＥＵという共同体の中で一つのメンバーステートとして活動をしていくことのほうが、おそらくその地域の人たち全体を見るという観点からはるかにいい状態ではないかというふうに考えます。

ウォレン卿、ご意見が何かございましたらコメントをお願いします。

ウォレン卿　本当に先生のおっしゃる通りだと思います。そして日本人の皆さんも覚えていらっしゃると思いますけれども、イギリス（ＵＫ）とヨーロッパを歴史的に見ましても、その二者の関係というのは非常に複雑な問題があり複雑な状況があったと思います。先生がおっしゃるように、ヨーロッパでは、18世紀、19世紀、そして20世紀の前半には、常に戦争がありました。その中でイギリスというのは、非常に大きなパワーを持っていましたけれども、しかしその力はバランスを取ることで得られるパワーでありました。

そして19世紀の前半には、ナポレオンが率いるフランスに対してドイツとロシアが同盟国でした。その後は、ロシアに対してフランスとドイツが同盟国でした。さらにその後は、ドイツに対してロシアとフランスが同盟国でした。こういうふうな形で我々はヨーロッパに対して常に介入をしていく国力を持った国であり、そして常に安定のためにバランスを維持してきたということで、ヨーロッパの共同体あるいはヨーロッパ連合の一員というよりは、そういうバランスを取る勢力でありました。

そして、国民投票の期間に、私が本当に怒りを感じたことは、年齢の高い政治家の人たちが「ＥＵがあるがために平和を維持ができている」ということを全く言わなかったということです。若いＥＵ離脱を支持している政治家たちは「ＥＵは関係ない」というふうにずっと主張してきました。これは本当に何も知らない無知の人たちの無知の見解であって、最近の歴史すらきちっと理解をしていないで言っている発言であると思っています。１人、２人の例外はあったとしても、そういうふうなことを政治家として言った人たちというのはいませんでした。しかし、先生がおっしゃったように、本当にＥＵがあるからこそ、この70年間、国と国との戦いがなくて平和が保たれていたと私は思っています。

杉山　次のご質問は福地支店長さんにしたいのですけれども、その前に一言だけ今の関連でお話をさせていただきますと、やはり今の政治家たちも実は戦争を経験していない人たちです。その人たちが70年間平和だったために、たぶん経験したことがないので説明もしないということ自体が大きな問題ではないか、というふうに個人的には思っています。

ここにおられる学生の中には、韓国出身の人とか中国出身の人がいらっしゃるかもしれませんけれども、現に中国の大学では、今、この新学期が９月から始まっていますけれども、最初は軍事訓練です。日本もひょっとすると軍事訓練をする国になるかもわからない。韓国では、当然のことながら兵役が２年間義務付けられています。「いったいどういう国を私たちが目指すのか」ということについては、過去の経験から、やはりよく考える必要があると思うのです。確かにいろいろな問題があります。大変な問題がありますけれども、簡単にすべて解決するとか、そういう問題ではないのではないかというふうに思います。

もう一つ大きなテーマで、ウォレン卿がおっしゃられたのは「不平等（inequality）」ということなのだろうと思いますけれども、トマ・ピケティという方が『21世紀の資本主義』の中で、今社会の中で非常にお金持ちの人（変革にうまく乗ってお金持ちになっている）と取り残された人たちとの差がすごく大きくなっている」ということをお話しされていましたけれども、福地支店長さん、その不平等ということについて何かコメントをいただけませんか。

福地　先ほど格差ということを申し上げましたけれども、データを見てみると格差の度合いというのは「ジニ係数」というもので評価されています。確か２０１４年にＯＥＣＤが出したデータですと、アメリカとイギリスはジニ係数が高い、すなわち格差の高い大きい社会になっているということを読んだことがあります。また、社会全体の所得に占める富裕な方の所得の割合というのは、戦後アメリカとイギリスは高くなっていて、その度合いというのは確か１９３０年代――これは格差が激しい時代ですけれども――ここに近づきつつあるということを読んだことがございます。我が国は、それよりは少し程度が低いけれども、その傾向というのは迫っている。特にアメリカなどはそうだと思いますけれども、これはやはり社会の混乱の原因だと思いますし、先ほどの「バイナリークエスチョン」と言いましょうか、二者択一的な選択という中で、不満を訴える術として、現状で問われている「離脱するのか、しないか」ということ以外の要素で政治に対する不満のはけ口として、先ほどの「referendum」という結果になってしまったということがあったのかなというふうに思います。

杉山　ありがとうございます。ウォレン卿におうかがいします。イギリス社会の不公平などはどのようにお考えでしょうか?

ウォレン卿　今おっしゃったポイントは、非常に重要なところであると思います。イギリスにおきましては、この20年あるいはそれ以上の期間、社会が不平等であるということがかなり許容されてくるようになっています。この不平等差というのは、先ほどの講演の中でもお話をしましたけれども、地域格差というところ、それから社会におけます階層での格差ということで顕著に見られています。

私の日本の友人でロンドンに住んでいる人がいるのですけれども、この人といつも話すのですけれども、ロンドンというのは非常に素晴らしい街ではありますけれども、イギリスの代表的な都市とは呼べないと思います。私自身ロンドンで生まれ育って、イギリスで生活をしているときはずっとロンドンにいるわけですけれども、ロンドンは非常に多様化が進んでいます。そして活性化されたコスモポリタンで、非常にインターナショナルで革新的です。ほかの地域と比べて際だってそういう状況がありますので、どちらかというとイギリスのほかのところと比べると「都市国家」という感じが強いのです。

イギリスの北部のほうに行きますと、今は経済的にかなり荒れて停滞をしている地域があります。そういうところに行って別のアングルから見て行きますと、非常に面白いと思えることがあります。例えば、そういうところに居る人たちというのは、ＥＵに残留するということで自分たち自身にとっても関心が高いだろうと思うのですけれども、我々が思っているよりも、ＥＵに残る経済的メリットという点では説得力がなかったということがあります。北部のサンダーランドという所は日産の工場があるところで、日産の全世界のネットワークの中でも非常に競争力のある生産性の高いところで、７千人以上の従業員を雇用しています。しかし40年前と比べてみると、かなり経済的に荒廃してきていて、そこの地域がＥＵの離脱に賛成を投じた。ですから、そういう状況を見たときに、今の現行でのグローバリゼーションの制度というものがその人たちの支援になっていない、その人たちを助けていないということがわかります。

そして、最近外務省が出しています外交雑誌の記事を見ていると、イギリスの学者が発言したという記事なんですけれども、その日産の工場から近いニューキャッスルの北のほうへ行って、その国民投票に関しての話をする際、そこでは「ＥＵに反対する」、それから「ＥＵ残留に反対」という気運が高い中で、ＥＵ残留を賛成し、支援をしていくという人と話をしたときに、ＥＵを離脱してしまうとイギリスのＧＤＰが４％落ちてしまうという話をしました。それに対して聴衆

が「そんなのはどうでもいい」と言ったのです。要するに、「そういうふうな統計はあったとしても、自分の生活には何にも関係もない」というふうなことを言っていたのです。ＧＤＰの話をしても、結局「この街で生活をしている自分の生活には関係ない」ということで、実際に経済的に低いポジションにある時、自分の国の未来がどうかということを考えたとき、国民の中での理解がかなり分断しているということが分かります。

杉山　ありがとうございました。福地支店長さんはいかがでしょう。

福地　非常に今のお話は興味深くて、「ＧＤＰなんて、そんなのどうでもいい」というようなことは非常に興味深いと思いました。

私は銀行屋なのですけれども、金融業というのはイギリスの主要な産業の一つだと思います。ＧＤＰのところも、今7パーセントぐらいを占めていて、生産性も高い。それがみすみす出て行くような環境を作っているというところが、実は非常に不思議だったのですけれども、今の発言で非常によく分かりました。ややあからさまにパリの副市長さんが、「金融機関に赤絨毯をひいて待っていますよ」と、そんなことを言っていると報じられているのを聞きました。

〝We Will be waiting with red carpet.〟と言っているそうなのですけれども、そういうあからさまなことに対しても、イギリス国民のセンチメント（sentiment）が別のところにあるということが分かったという点で非常に興味深かったと思います。結局、グローバリゼーションというのが東西冷戦が終わって進んできた中にあって、レーガン大統領やサッチャー首相が進めてきた自由競争、新自由主義的な動きというのが、つまり、グローバリゼーションというのがなかなか維持できないということなのだなというふうに感じました。

杉山　ありがとうございます。オーディエンスのほうから意見をぜひ一つか二つ拾い上げたいと思うのですけれども、その前にもう一つだけもう1点、とても大切なところなので、このことをもう少しディスカッションしてからフロアーのほうからご意見をお伺いしたいと思います。

福地支店長さんもお話をされておりますけれども、「議会制民主主義」という民主主義の元祖であるイギリスで、要はバイナリーに「白か黒か」とか、「撤退か残留か」というように、実はそんなに世の中は簡単ではないのです。だから多くの情報を持っていて勉強をされている議会の議員の人たちが、国益とか世界の平和のために、あるいは世界経済のために何をしっかりやるべきなのかということをみんなで議論をする。それがたぶん民主主義の根本なのだろうと思うのですけれども、それが安易に直接民主主義的に、「みんなで投票をしましょう。それで賛成か反対なのか、撤退するのかを決める」というような形で選択をするというのは、本質的にたぶん間違っていると思うのです。

今は、おそらくイギリスだけではなくて、アメリカでも、先ほど申し上げたようにメキシコからの移民問題、それから犯罪の問題、密輸のドラッグの問題などたくさんあるので、「賛成ですか、反対ですか」というような議論というのでは、とても複雑な問題の解決にならないというふうに思うのですけれども、ぜひ「議会制民主主義」のチャンピオンであるイギリスにやはりそこを守っていただかないと、世界の民主主義を広めていくということについて、懸念が広がっていくのではないかと思うのです。ウォレン卿、何かコメントはありませんでしょうか。

ウォレン卿　私も杉山先生のおっしゃる通りだと思いますけれども、しかしこの話をするときの見方として気を付けなければいけないことがあると思うのです。例えば、国民投票によって国民が判断をしたというときに、その判断が間違っているというような言い方をするというのはよくないと思います。非常に社会的、経済的にも私自身も非常に怒りを感じておりますけれども、国民が決めたことは尊重していかなければいけないと思っています。

　私の講演の中では、議会についてのお話というのをあまりしませんでした。特に、労働党の中でどういうふうな問題があるのかということについては、皆さんはあまり関心を持っていらっしゃるとは思わなかったので、話をしませんでした。今は労働党の中はどうなっているかといいますと、リーダーの選出なのですけれども、議会議員によるものではなくて一般の党員を巻き込んだ選挙で行われるということなのです。これは先ほど杉山先生がおっしゃったように、本当に「議

会制民主主義」ということが今党員に問われていて、これからも党員にさらされていくと思います。これから向かっていく方向性というのが、重要な意志決定を、人民の抗議運動によって政策の方向が決まるというふうなことであるのは非常に問題であると思います。

例えば、労働党の党首になることはでき、その労働党の中では人気があるけれども、一般の国民の人気というのは勝ちとれないと思いますので、首相になることはできないと思います。つまり、一般の国民からの尊敬を受けないと思います。昔は「労働党」というのは、議会に対しての政策の提言というふうなことを１９００年からずっとやってきたわけですけれども、最近では抗議をするための動きをしているような党に成り下がっているというところが非常に問題であると思います。

そして、これは議会民主主義にとりましては、それを損なうようなものであるということで、問題であると思います。右派に対しても左派に対しても、そういうふうな状況になっているということで、大変残念な状況があります。１９２０年代、１９３０年代に、ドイツでそういうふうな状況がありまして、議会の弱体化が起きてしまいました。イギリスですぐにそういうふうになっていくということではありませんけれども、そういう状況というのは本当に憂うべき状況ですので、議会制民主主義の原則というものを守っていかなければいけないと考えています。

杉山　日本でも、今日は学生諸君がいらっしゃるので一言だけ言っておきますと、18歳から選挙権が付与されました。白か黒みたいなことではなくてしっかりと考えて、しっかり未来に投票をしないと大変なことになるということを指摘させていただきたいと思います。

もう時間がないので、一つだけフロアーからのご質問を受けたいと思いますが、端的な質問をお願いしたいと思います。

会場　主催者の皆さん、ハイレベルのフォーラムをありがとうございました。一つだけご質問させていただきます。福地さん、言いづらければいいのですが、6月のEUの離脱に対するイギリス国民の判断は、ヨーロッパにおけるインテグレーションの始まりかどうかということをお尋ねします。

杉山　福地支店長さん。

福地　すみません。「インテグレーション」とおっしゃっておられたのですけれども、どういう意味でおっしゃられたのですか。

会場　統合があってEUまでできた中でイギリスの離脱は、ディスインテグレーションの始まりかどうかということです。

福地　それは非常に難しい質問だと思いますけれども、私が希望として思っていることは、EUにとってもUKにとっても、あまりよい結果を生まない方向につながっていく可能性があるということを、これからの2年間なのかあるいはもう少し長い時間をかけてなのかわかりませんが、枠組みの統合の仕方を少し考え直していくことが流れとして起きてくるのではないかというふうに考えています。じり貧になることを望んで、政治的な判断をする政治家も国民もいないというふうに信じたいと思っています。またそういった国民のセンチメントを正していくのが政治の役割だと思いますから、そういう方向に変わっていくのではないかというふうに期待をしています。

ウォレン卿　ＥＵがディスインテグレーションの方向になるとは思いませんけれども、変化はあると思います。

　結局、移民の問題というのが中核にあると思います。フランスでは、２０１７年に選挙が予定になっています。極右派のファシズムのナショナリストの党首であるルペンさんという女性が、今人気があるという状況になっています。また、その年にはドイツのほうでも選挙があり

まして、メルケル首相の人気がここで試されるということになります。極右派のナショナリズムが選挙で試されるということになります。フランスにおいては非常に左翼の雰囲気の大統領の後任はどうなるのか、ドイツのほうにおきましては、メルケル首相が問題を抱えておりますけれども、かなりまだ力を持っている首相ではあります。しかし、この両方の選挙におきまして、移民の自由ということが両国の選挙で問われると思います。

こういうふうな中で、これからイギリスがＥＵを離脱するにあたっては交渉の中で例外を探していくのではと考えていますけれども、その模索が少し楽になっていくかもしれません。しかし、フランスのほうからは、大きな圧力が交渉に対してはかかってくると思います。イギリスの離脱を見て、ほかのＥＵの加盟国がイギリスと同じような形で離脱をしたいというような状況を避けるために、ＥＵのまとまり、団結を維持をしていくということでかなりの圧力がかかってくると思います。そのためには自由が犠牲になったりする場合もあると思いますし、そしてイギリスが期待したような経済的面での交渉というのが厳しくなるというふうなことも意味すると思います。しかし、今の状況でそれでＥＵが崩壊してしまう、解体するということはないと思います。圧力というのは、ドイツ、フランス、そしてフランス寄りの国際機関から、ＥＵを一つにまとめていくためにということで、これから2、3年は非常に強いプレッシャーがかかってくると思います。

そして、離脱支持者、それからイギリス政府に関しましても我々の離脱の交渉の中で、我々が活用できる状況というのはあるというふうに思っているところがありますが、それは非現実的であると思っています。彼らは、ＥＵにイギリスがもっと求められているというふうに考えています。その辺りは、実際のところ交渉が始まってからはっきり分かってくることではあると思いますけれども、しかしEUが我々を求めている以上に我々はEUが必要であると思います。

杉山　ありがとうございました。

皆さん、ご承知のように、イギリスというのは民主主義のチャンピオンの国でございますし、アーネスト・サトウのように、外交官として日本の明治維新のときにどちらにサポートするのか、ご承知のようにフランスとイギリスとは明確に分かれたわけですけれども、そういう素晴らしいタフな、そして非常に熟練された外交官を生み出すイギリスには、うまくこのEUの危機を乗り切っていただき、世界平和に貢献をしていただきたいと思います。たぶん学生諸君はほとんど「EU離脱は関係ない」と思っているかも分かりませんけれども、実はものすごく深く世界経済に対する影響をもたらすだろうと思います。

ということで、時間がまいりましたので、ここでこの鼎談を締めたいと思います。

閉会のあいさつ

岡山ＥＵ協会副会長・中国銀行頭取　宮長　雅人

岡山ＥＵ協会の副会長を仰せつかっております、中国銀行の宮長でございます。皆様方、本日はお休みのところご聴講いただきまして本当にありがとうございました。

ウォレン卿にお越しいただいて、このようにお話をお聞きする機会というのもなかなかないかと思います。難しい問題に対して解決策を見いだすというのは時間がかかるということをおっしゃられましたが、まさにその通りではないかなというふうに思います。ＥＵ離脱はイギリスだけの問題ではなくて、議会制民主主義をどう考えるかとか、ファシズムの台頭をどう考えるかとか、私たちが真剣に考えなければならない課題です。それからもう一つ重要な点は金融資本主義がレーガンやサッチャーの時から始まっているのですが、これをこのまま存続できるかどうかの世界的な問題でもあり、日本にとっても１９３０年代、１９４０年代のような時代に逆戻りする可能性のある大変な時代になってくると思います。政治家に任せていても、党利党略で決める傾向がありますので、こういうことは我々国民みんなが意識して考えていくことが必要になってくると思っております。本日は、ありがとうございました。

就実大学経営学部

現代社会が抱える多様な問題について、主にビジネスの観点から学ぶ学部。グローカルなマネジメント能力を身につけるカリキュラムで理論や実践を学び、ビジネスプロフェッショナルでありしかもグローカルな人材を育成する。グローカル人材とは、グローバルな視野を持ちながら、ローカルなニーズに対応できる人のこと。創立110周年を迎えた就実大学に2014年4月設置。

就実大学／就実短期大学／就実大学大学院

〒703-8516 岡山県岡山市中区西川原1-6-1
TEL：086-271-8111　FAX：086-271-8222
URL http://www.shujitsu.ac.jp/

英国のEU離脱と世界経済のゆくえ

2017年8月28日　初版第1刷発行

編　者――就実大学経営学部
装　丁――佐藤豪人（HIDETO SATO DESIGN）
版　組――小林ちかゆき
編　集――金澤健吾
発　行――吉備人出版
〒700-0823　岡山市北区丸の内2丁目11-22
電話 086-235-3456　ファクス 086-234-3210
印刷所――株式会社三門印刷所
製本所――株式会社岡山みどり製本

ISBN978-4-86069-509-5